skola - sukuu	2
ceļojums - akwantuo	5
transports - ɛhyɛn	8
pilsēta - kuropɔn	10
ainava - asaase	14
restorāns - adidibea	17
lielveikals - dwakɛseɛmu	20
dzērieni - nsa	22
ēdiens - aduane	23
zemnieku saimniecība - afuo	27
māja - efie	31
viesistaba - ɛdan a wɔtena mu	33
virtuve - gyaade	35
vannas istaba - adwareɛ	38
bērnu istaba - abɔfra dan mu	42
apģērbs - ataadeɛ	44
birojs - ɔfise	49
ekonomika - sikasem	51
profesijas - nnwuma ahodoɔ	53
instrumenti - akadeɛ	56
mūzikas instrumenti - mfidie a wɔde bɔ nnwom	57
zooloģiskais dārzs - mmoakurabea	59
sports - agokansie	62
darbības - dwumadie ahodoɔ	63
ģimene - abusua	67
ķermenis - nipadua	68
slimnīca - asopiti	72
ārkārtas gadījums - putupru	76
zeme - Ewiase	77
pulkstenis - mmerɛ kyerɛfoɔ	79
nedēļa - nnawɔtwe	80
gads - afe	81
formas - bɔbea	83
krāsas - ahosuo	84
pretstati - abirabɔ	85
skaitļi - nɔma	88
Valodas - kasa ahodoɔ	90
kas / ko / kā - hwan/aden/ sɛn	91
kur - hefa	92

Impressum
Verlag: BABADADA GmbH, Nedderfeld 112 , 22529 Hamburg
Geschäftsführer / Verlagsleitung: Harald Hof
Druck: Books on Demand GmbH, In de Tarpen 42, 22848 Norderstedt

Imprint
Publisher: BABADADA GmbH, Nedderfeld 112 , 22529 Hamburg, Germany
Managing Director / Publishing direction: Harald Hof
Print: Books on Demand GmbH, In de Tarpen 42, 22848 Norderstedt

skola
sukuu

klases telpa
adesua dan mu

dalīt
kyɛmu

tāfele
bɔɔdo

skolas pagalms
sukuu asaase

skolotājs
ɔkyerɛkyerɛni

papīrs
krataa

rakstīt
twerɛ

pildspalva
twerɛdua

rakstāmgalds
pono

lineāls
susudua

grāmata
nwoma

skolēns
sukuuni

skolas soma

baage

penālis

adeɛ wɔde twerɛdua hyɛ mu

zīmulis

twerɛdua

zīmuļu asināmais

adea wɔde sensene
twerɛdua ano

dzēšgumija

rɔba

zīmēšanas bloks

drɔɔwin nkrataa

zīmējums
drɔɔwin

ota
adeɛ a wɔde bɔ akaadoo mu

krāsas
akaadoo adaka

šķēres
apasoɔ

līme
aduro a wɔde sɔ nnɔɔma bɔ mu

darba burtnīca
krataa wɔyɛ dwumadie wɔ mu

mājas darbs
efie adwuma

skaitlis
nɔma

saskaitīt
ka bom

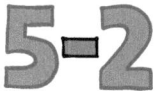

atņemt
te frim

reizināt
fabaho

rēķināt
bo ho nkonta

burts
atwerɛdeɛ

alfabēts
atwerɛdeɛ

vārds
asɛm

skola - sukuu

teksts
atwerɛ

lasīt
kan

krīts
chalk

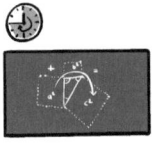

mācību stunda
adesua

žurnāls
krataa a din ahodoɔ wɔ mu

eksāmens
nsɔhwɛ

liecība
nimdeɛ krataa

skolas forma
sukuu ataadeɛ

izglītība
adesua

enciklopēdija
encyclopedia

universitāte
suapon kɛseɛ

mikroskops
afidie a wɔde hwɛ adeɛ
aniwa ntumi nhunu

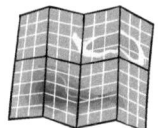

karte
asaase mfonin a ɛwɔ krataa
so

papīrgrozs
kɛntɛn a wɔde krataa na ayɛ
a wɔde nwura gu mu

skola - sukuu

ceļojums
akwantuo

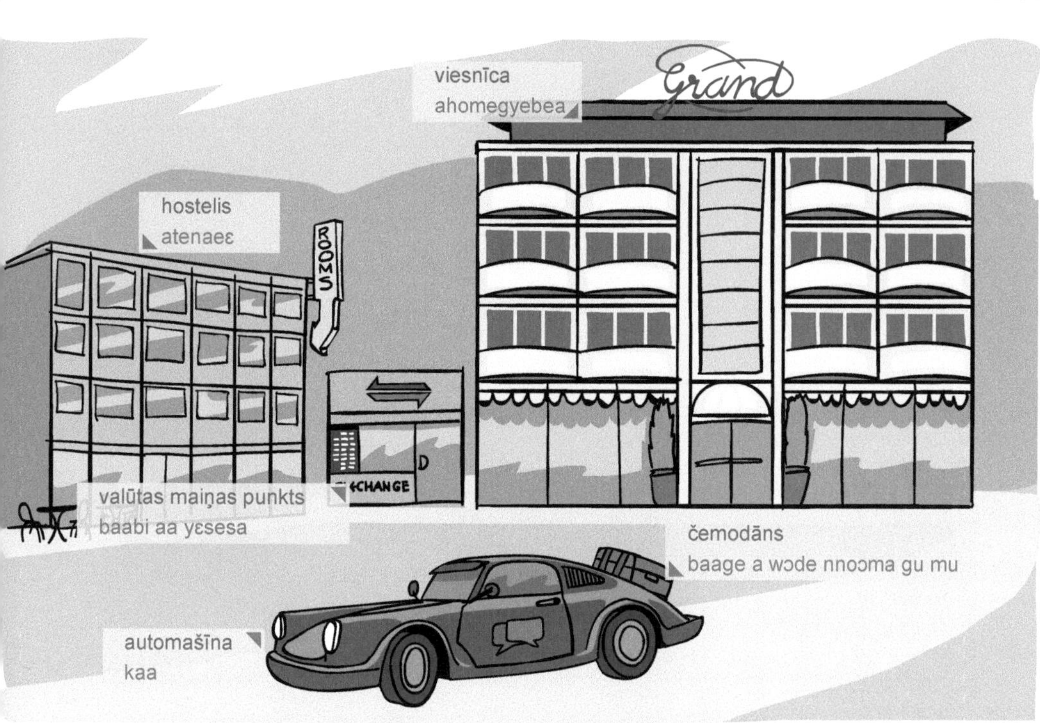

viesnīca
ahomegyebea
Grand
hostelis
atenaeɛ
ROOMS
valūtas maiņas punkts
baabi aa yɛsesa
čemodāns
baage a wɔde nnoɔma gu mu
automašīna
kaa

Valoda
kasa

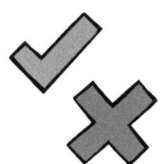

jā / nē
aane / daabi

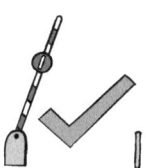

Okay
Yoo

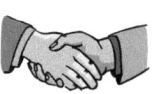

Sveiki!
hɛlo

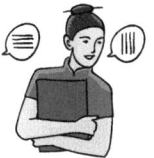

tulks
deɛ wɔkyerɛkyerɛ kasa ase

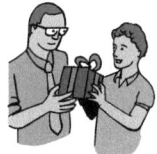

paldies
Medaase

Cik maksā...?
... ɛyɛ sɛn?

Es nesaprotu
Menteaseɛ

problēma
ɔhaw

Labvakar!
Maadwo!

Labrīt!
Maakye!

Ar labu nakti!
Da yie!

Uz redzēšanos
nante yie

virziens
akwankyerɛ

bagāža
nnooma a wɔde tu kwan

soma
kɔtɔkuo

mugursoma
baage a yɛde bɔ yakyi

viesis
ɔhɔhoɔ

istaba
danmu

guļammaiss
bag a yɛda mu

telts
ntomadan

ceļojums - akwantuo

tūrisma informācija

adesrafoɔ nsɛm

pludmale

po ano

kredītkarte

krɛdit kaade

brokastis

anopa aduane

pusdienas

awia aduane

vakariņas

anwumerɛ aduane

biļete

tikiti

lifts

pagya

pastmarka

agyinahyɛdeɛ

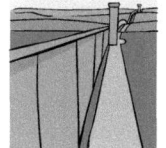

robeža

ɛhyeɛ

muita

adwumayɛfoɔ a wɔgyina
aman mmienu hyeɛ so

vēstniecība

ɔman bi asoeɛ

vīza

akwantuo krataa

pase

akwantuo krataa

ceļojums - akwantuo

transports
ɛhyɛn

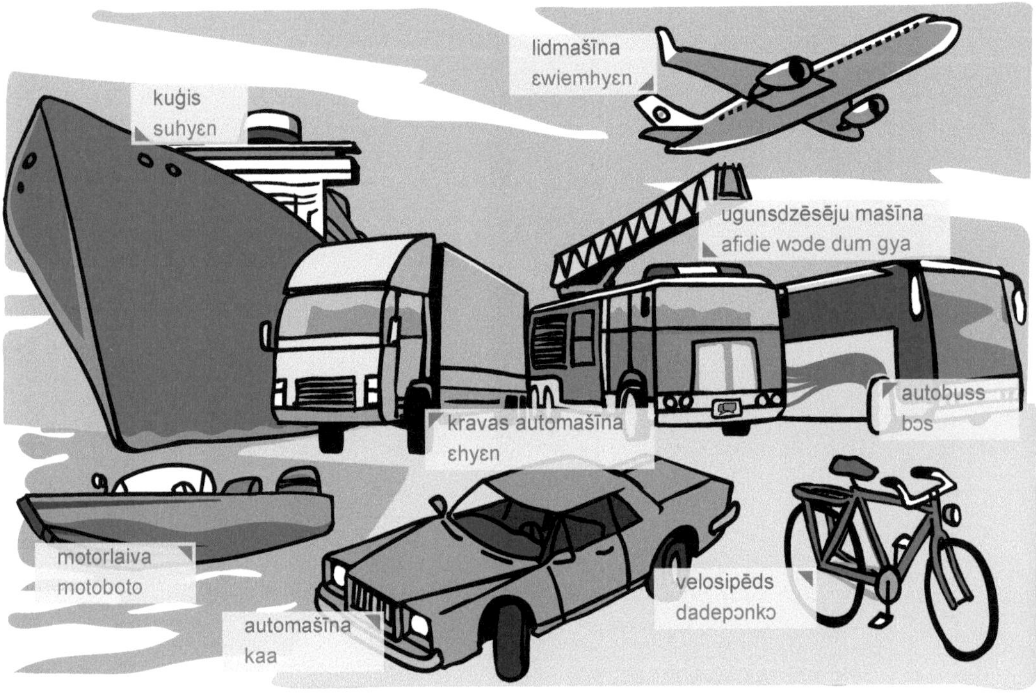

lidmašīna
ɛwiemhyɛn

kuģis
suhyɛn

ugunsdzēsēju mašīna
afidie wɔde dum gya

autobuss
bɔs

kravas automašīna
ɛhyɛn

motorlaiva
motoboto

velosipēds
dadepɔnkɔ

automašīna
kaa

prāmis
subonto

laiva
suhyɛn

motocikls
dadepɔnkɔ

policijas automašīna
apolisifoɔ kaa

sacīkšu automobilis
kaa a wɔde si akan

nomas auto
hyɛn aa yɛ hain

transports - ɛhyɛn

auto koplietošana

kaa a wɔde ma obi de di dwuma

evakuators

kaa a wɔde twe ɛhyɛn a asɛe

atkritumu mašīna

bɔɔla kaa

dzinējs

moto

benzīns

ngo

degvielas uzpildes stacija

beaɛ a wɔtɔn pɛtro

ceļa zīme

trafik ahyɛnsodeɛ

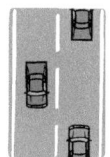

satiksme

trafik

sastrēgums

ɛhyɛn ntumi nkɔ ntɛm

stāvvieta

kaa gyinabea

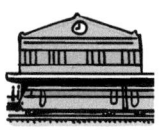

dzelzceļa stacija

keteke steshin

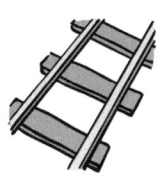

sliedes

ketekye kwan

vilciens

ketekye

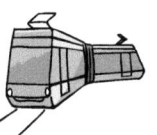

tramvajs

ketekye

vagons

afidie a wɔtena mu wɔ wiem tu kwan

transports - ɛhyɛn

helikopters	lidosta	tornis
ewiemhyɛn	dadeɛanoma gyinabea	dan tentene

pasažieris	konteiners	kaste
obi a wɔforo hyɛn	adaka	adaka

  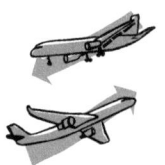

ratiņi	grozs	pacelties / nosēsties
teaseɛnam	kɛntɛn	tu / si fam

pilsēta
kuropɔn

ciems	pilsētas centrs	māja
akurase	kuropɔn hyiabea	efie

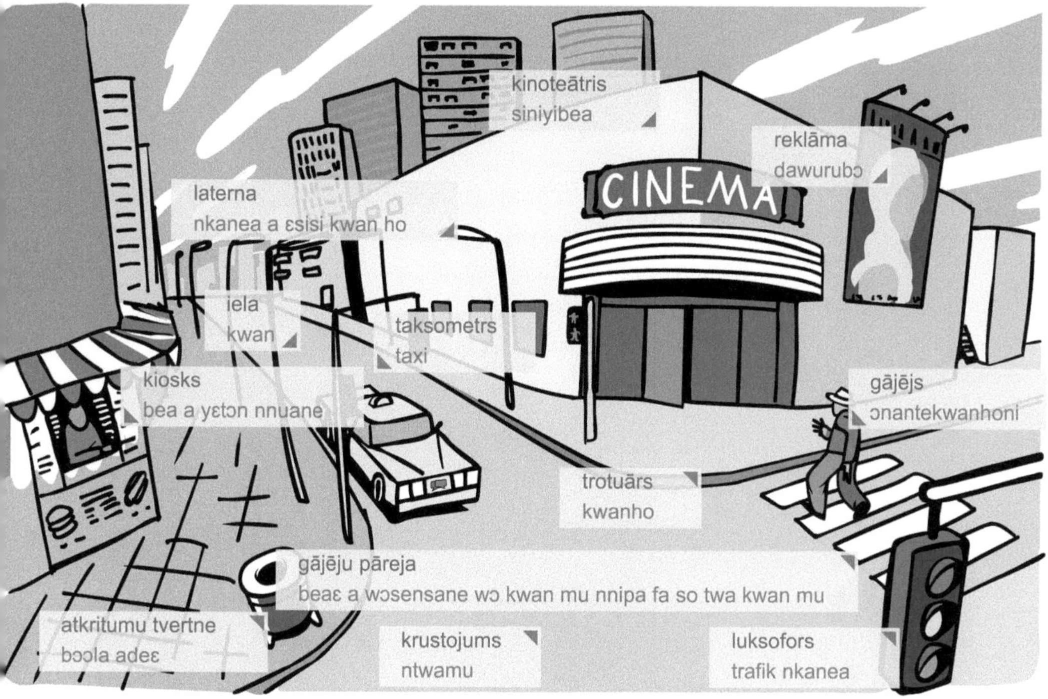

kinoteātris
siniyibea

reklāma
dawurubɔ

laterna
nkanea a ɛsisi kwan ho

iela
kwan

taksometrs
taxi

gājējs
ɔnantekwanhoni

kiosks
bea a yɛtɔn nnuane

trotuārs
kwanho

gājēju pāreja
beaɛ a wɔsensane wɔ kwan mu nnipa fa so twa kwan mu

atkritumu tvertne
bɔɔla adeɛ

krustojums
ntwamu

luksofors
trafik nkanea

būda
ntaabodan

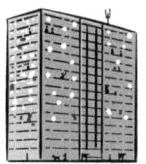
dzīvoklis
tenabea

dzelzceļa stacija
keteke steshin

rātsnams
kurom nhyiadanmu

muzejs
mesɔm

skola
sukuu

pilsēta - kuropɔn

universitāte
suapon kɛseɛ

banka
sikakorabea

slimnīca
asopiti

viesnīca
ahomegyebea

aptieka
beaɛ a wɔtɔn nnuro

birojs
ɔfise

grāmatnīca
beaɛ a wɔtɔn nwoma

veikals
beaɛ a wɔtɔn adeɛ

ziedu veikals
nhwiren kuani

lielveikals
dwakɛseɛmu

tirgus
dwamu

tirdzniecības centrs
asoeɛ sotɔɔ

zivju tirgotājs
nnam tɔnfo

tirdzniecības centrs
adetɔ beae

osta
suhyɛn gyinabea

pilsēta - kuropɔn

parks
agodibea

sols
akonnwa

tilts
nsamsɔɔ

kāpnes
adeɛ wɔee foro aborosan

metro
asaasease

tunelis
tɔkuro a w'atu no asaase mu de ayɛ kwan

autobusa pieturvieta
ɛhyɛn gyinabea

bārs
nsanombea

restorāns
adidibea

pastkastīte
krataa adaka

ielas nosaukuma plāksne
kwan ahyɛnsodeɛ

stāvlaika skaitītājs
kaagyinaho meta

zooloģiskais dārzs
mmoakurabea

peldbaseins
nsuo a wɔdware mu

mošeja
masalakyi

pilsēta - kuropɔn

zemnieku saimniecība
afuo

vides piesārņojums
ewiem sɛeɛ

kapsēta
nsamanpɔ mu

baznīca
asore

spēļu laukums
agodibea

templis
hyiadan

ainava
asaase

lapa
ahaban

ceļrādis
akyerɛkyerɛkwan

ceļš
kwan

pļava
sare asaase

akmens
boba

koks
dua

ceļotājs
pipo so foronii

upe
asubontene

zāle
nsensan

puķe
nhwiren

ieleja
bɔn

kalns
bepɔ

ezers
sutadeɛ

mežs
kwaeɛ

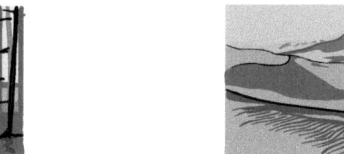

tuksnesis
ɛserɛ so

vulkāns
egya a ɛfiri bepɔ mu ba

pils
ahenfie

varavīksne
nyankontɔn

sēne
mmire

palma
abɛdua

moskīts
ntontom

muša
wasena

skudra
ntatea

bite
wowa

zirneklis
ananse

ainava - asaase

vabole
kukurubibi

varde
apɔnkyerɛnee

vāvere
opuro

ezis
kotoko

zaķis
adanko

pūce
patuo

putns
anomaa

gulbis
dabodabo

meža cūka
kɔkɔte

briedis
wansane

alnis
torɔm

aizsprosts
sutadeɛ

vēja ģenerators
mframa tɛɛbain

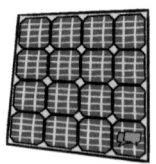

saules baterija
adeɛ ɛtwe anyinam ahoden
firi awia mu

klimats
ewiem

ainava - asaase

restorāns
adidibea

viesmīlis
barima a wɔsom wɔ beaɛ a wɔtɔn aduane

ēdienkarte
aduane ahodoɔ wɔtɔn

krēsls
akonwa

zupa
nkwan

pica
pizza

galda piederumi
atere ne nsikan a wɔde didie

galdauts
ntoma a wɔde kata ɛpono so

uzkoda
ahyɛaseɛ

pamatēdiens
aduane titriw

deserts
nnɔkɔnnɔkwade

dzērieni
nsa

ēdiens
aduane

pudele
toa

ātrās uzkodas

aduane wɔyɛ no ɔhare so

ielu uzkodas

aduana a ɛyɛ kwan ho

tējkanna

tea kukuo

cukurtrauks

asikyire kyɛnsen

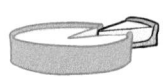

porcija

fa

espresso kafijas automāts

espresso afidie

bāra krēsls

akonwa tenten

rēķins

ka krataa

paplāte

apanpan

nazis

sikanmoa

dakša

adinam

karote

atere

tējkarote

tea atere

salvete

ntoma a wɔde sɛ pono so

glāze

ahwehwɛ

restorāns - adidibea

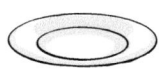

šķīvis
plɛɛte

zupas šķīvis
nkwan plɛɛte

apakštase
plɛte ketewa

mērce
frɔyɛ

sāls trauciņš
nkyene kukuo

piparu dzirnaviņas
adeɛ a wɔde twi mako

etiķis
vinegar

eļļa
anwa

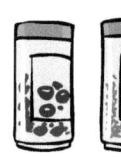

garšvielas
atosodeɛ

kečups
ketchup

sinepes
sinapi aba

majonēze
mayonis

restorāns - adidibea

lielveikals
dwakɛseɛmu

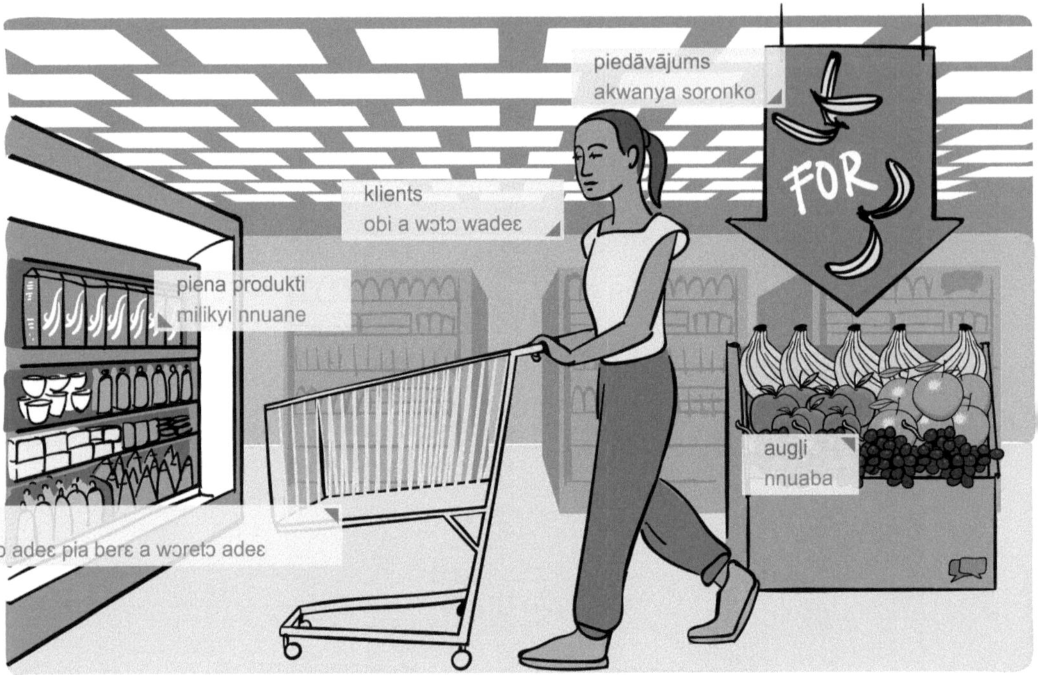

piedāvājums
akwanya soronko

klients
obi a wɔtɔ wadeɛ

piena produkti
milikyi nnuane

augļi
nnuaba

eto adeɛ pia berɛ a wɔretɔ adeɛ

kautuve
nnamtwafo

maizes veikals
brodotofo

svērt
susu

dārzeņi
atosodeɛ

gaļa
nnam

saldēti produkti
aduane a wɔde ahyɛ
sukɔtwea adaka mu

aukstās gaļas uzkodas
nnam a yɛy nwunu

konservi
nnuane a ɛwɔ konku mu

pulveris
aduro a wɔde si nnɔɔma

saldumi
adɔkɔkɔdɔkɔdeɛ

mājsaimniecības preces
efie nnɔɔma

tīrīšanas līdzeklis
nnuro a wɔde hohoro nnɔɔma ho

pārdevēja
adetɔni

kase
adeɛ a wɔgye sika de gu mu

kasieris
obi a wɔhwɛ sika so

iepirkumu saraksts
nnɔɔma a wobɛtɔ

darba laiks
mmerɛ a ɔmo de bue

maks
kotokuo

kredītkarte
krɛdit kaade

soma
bɔtɔ

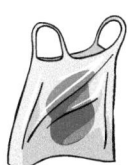
maisiņš
rɔba bɔtɔ

lielveikals - dwakɛseɛmu

dzērieni
nsa

ūdens
nsuo

sula
aduaba mu nsuo

piens
milikyi

kola
coke

vīns
nsa

alus
beer

alkohols
nsaden

kakao
kookoo

tēja
tea

kafija
kɔfe

espresso
espresso

kapučīno
cappuccino

ēdiens
aduane

banāns
kwadu

ābols
aprɛ

apelsīns
akutuo

melone
mɛlɔn

citrons
akutuo

burkāns
karɔt

ķiploks
galeke

bambuss
mpampuro

sīpols
gyeene

sēne
mmire

rieksti
nkateɛ

makaroni
talia

spageti
talia

rīsi
ɛmo

salāti
salad

frī kartupeļi
kyips

cepti kartupeļi
aborodwomaa w'akye

pica
pizza

hamburgers
hamburger

sviestmaize
sandwioh

šnicele
ntwetwade

šķiņķis
prɛko nam

salami
salami

desa
sɔsegye

vista
akokɔnam

cepetis
toto

zivs
nsuomunam

ēdiens - aduane

auzu pārslas
oats koko

muslis
muesli

brokastu pārslas
cornflakes

milti
esam

radziņš
croissant

brokastu maizītes
brodo a yabobɔ

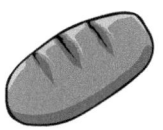

maize
brodo

tostermaize
ho

cepumi
biskit

sviests
bɔta

biezpiens
koko

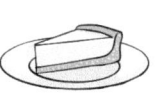

kūka
ɔfam

ola
kosua

cepta ola
kosua a yakye

siers
kyeese

ēdiens - aduane

saldējums
ise krim

cukurs
asikyire

medus
ɛwoɔ

marmelāde
ɛam

riekstu krēms
kyɔkolate a wɔde yɛ aduane mu

karijs
kɔri

ēdiens - aduane

zemnieku saimniecība
afuo

zemnieka māja
kuafie

šķūnis
aduanekorabea

salmu rullis
ahaban a awo a waka abɔ mu

lauks
asaase

zirgs
pɔnkɔ

piekabe
ahyɛnkɛseɛ

kumeļš
pɔnkɔ ba

traktors
trata

ēzelis
afunumu

aita
odwan

jērs
odwan ba

kaza
apɔnkye

govs
nantwie

teļš
nantwie ba

cūka
prɛko

sivēns
prɛko ba

bullis
nantwinini

zemnieku saimniecība - afuo

zoss
dabodabo

pīle
dabodabo

cālis
akokɔba

vista
akokɔbedeɛ

gailis
akokɔnini

žurka
akura

kaķis
agyinamoa

pele
akura

vērsis
nantwi

suns
ɔkraman

suņa būda
kramanfie

dārza šļūtene
drobɛn a wɔde nsuo fa mu gugu nnoɔma so

lejkanna
toa wɔde nsuo gu mu de gugu nnoɔma so

izkapts
kantankrankyi

arkls
afidie a wɔde funtum asaase ani

zemnieku saimniecība - afuo

sirpis
sɔsɔwa

kaplis
asɔ

mēslu dakša
fɔɔki kɛseɛ

cirvis
akuma

ķerra
hweebaro

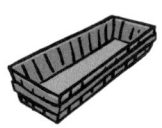

sile
adea mmoa didi mu

piena kanna
milikyi konku

maiss
kotoku

žogs
ɛban

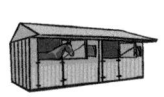

kūts
mmoa dan

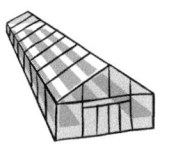

siltumnīca
nnuaba dan mu

augsne
anwea

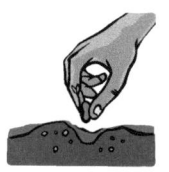

sēklas
aba

mēslojums
nnuro a wɔde gu mfudeɛ ho

kombains
nnuanetwa kaa kɛse

zemnieku saimniecība - afuo

novākt ražu
twa

raža
mfudeɛ

jamss
bayerɛ

kvieši
ayuo

soja
soya

kartupelis
aborɔdwomaa

kukurūza
aburo

rapsis
rapedua aba

augļu koks
aduaba dua

manioka
bankye

labība
aburo aduane

zemnieku saimniecība - afuo

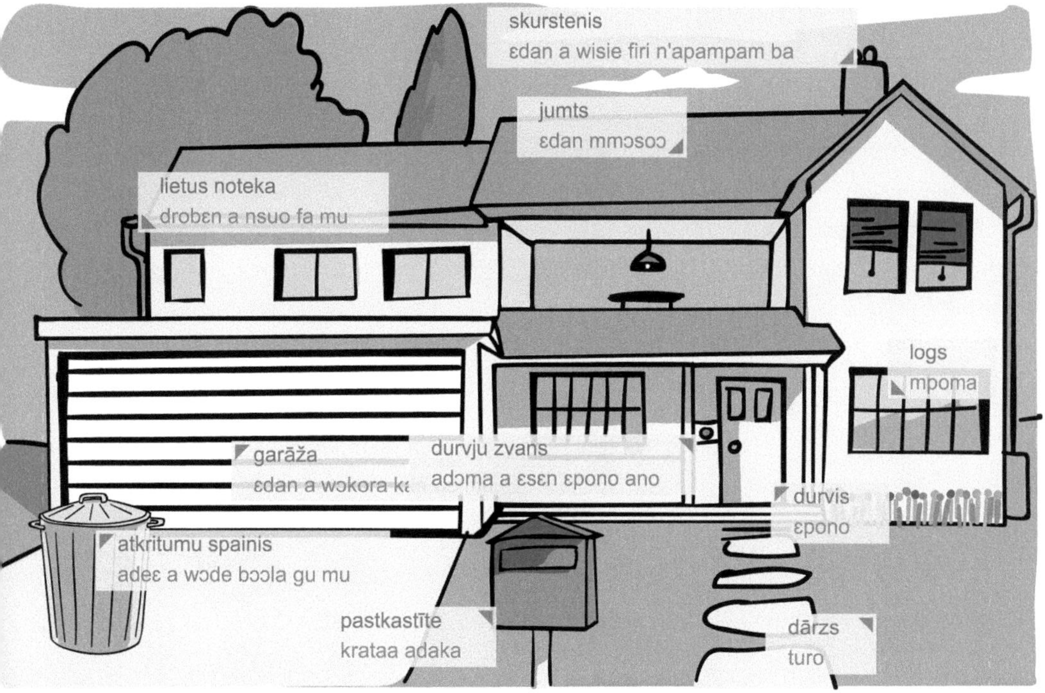

māja
efie

skurstenis
ɛdan a wisie firi n'apampam ba

jumts
ɛdan mmɔsoɔ

lietus noteka
drobɛn a nsuo fa mu

logs
mpoma

garāža
ɛdan a wɔkora kɛ

durvju zvans
adɔma a ɛsɛn ɛpono ano

durvis
ɛpono

atkritumu spainis
adeɛ a wɔde bɔɔla gu mu

pastkastīte
krataa adaka

dārzs
turo

viesistaba
ɛdan a wɔtena mu

vannas istaba
adwareɛ

virtuve
gyaade

guļamistaba
piam

bērnu istaba
abɔfra dan mu

ēdamistaba
ɛdan a wɔdidi wɔ mu

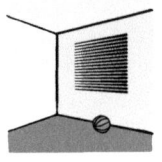

grīda
fam

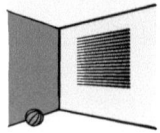

siena
ɛban

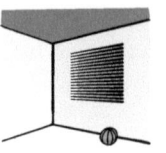

griesti
siilin

pagrabs
ɛdan a ɛhyɛ fam

sauna
beaɛ a wɔkɔto hyew

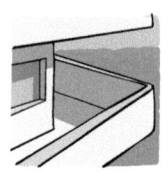

balkons
pɔɔkye

terase
asaase a wafuntum na wɔde dua nnɔbaeɛ

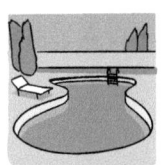

baseins
nsuo a wɔdware mu

zāles pļāvējs
afidie a wɔde dɔ

gultas veļa
krataa

sega
nnasoɔ

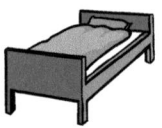

gulta
mpa

slota
praeɛ

spainis
bɔkiti

slēdzis
deɛ wɔde sɔ kanea

māja - efie

viesistaba
ɛdan a wɔtena mu

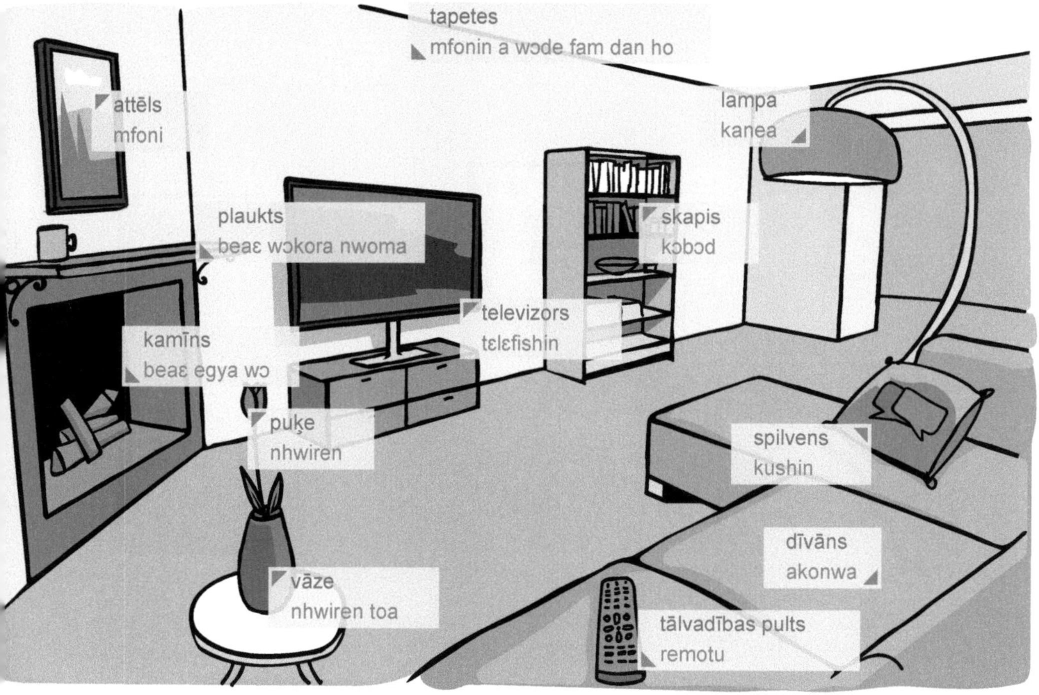

- tapetes / mfonin a wɔde fam dan ho
- attēls / mfoni
- lampa / kanea
- plaukts / beaɛ wɔkora nwoma
- skapis / kɔbɔd
- kamīns / beaɛ egya wɔ
- televizors / tɛlɛfishin
- puķe / nhwiren
- spilvens / kushin
- dīvāns / akonwa
- vāze / nhwiren toa
- tālvadības pults / remotu

paklājs
kapɛt

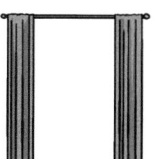

aizkars
kɛtin

galds
pono

krēsls
akonwa

šūpuļkrēsls
akonwa aa ɛkɔ anim ne akyi

atpūtas krēsls
nsaakonwa

grāmata
nwoma

sega
kuntu

dekorācija
beaɛ asiesie

malka
egya

filma
mfoni

mūzikas centrs
hi-fi afidie

atslēga
safoa

avīze
dawurubɔ krataa

glezna
akaado

plakāts
mfoni

radio
akasanoma

pierakstu blociņš
nwoma a wɔtwerɛ nsɛmpɔ gu mu

putekļu sūcējs
afidie a wɔde pra mfuturo

kaktuss
cactus

svece
kandele

viesistaba - ɛdan a wɔtena mu

virtuve
gyaade

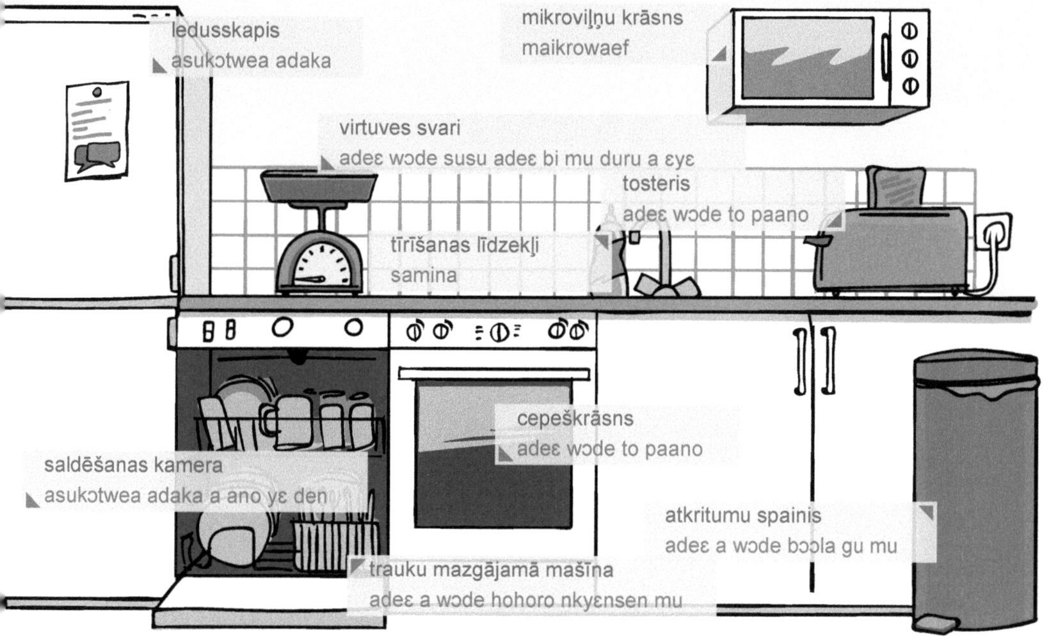

ledusskapis
asukɔtwea adaka

mikroviļņu krāsns
maikrowaef

virtuves svari
adeɛ wɔde susu adeɛ bi mu duru a ɛyɛ

tosteris
adeɛ wɔde to paano

tīrīšanas līdzekļi
samina

cepeškrāsns
adeɛ wɔde to paano

saldēšanas kamera
asukɔtwea adaka a ano yɛ den

atkritumu spainis
adeɛ a wɔde bɔɔla gu mu

trauku mazgājamā mašīna
adeɛ a wɔde hohoro nkyɛnsen mu

plīts
adeɛ a wɔde noa aduane

pods
kukuo

katls
dadesɛn

Wok panna
wok / kadai

panna
pan

elektriskā tējkanna
adeɛ wɔde noa nsuo

virtuve - gyaade

tvaika katls

nea yɛde ka aduane hye

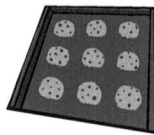

cepešpanna

adeɛ wɔto so paano

trauki

nkyɛnsen a wɔdidi mu

krūze

kuruwa

bļoda

kyɛnsen

irbulīši

nnua a wɔde didie

kauss

kwantere

lāpstiņa

atere

putošanas slotiņa

adeɛ wɔde nu adeɛ mu

sietiņš

sɔneɛ

siets

sɔneɛ

rīve

adeɛ a wɔde twi adeɛ

piesta

waduro

grilēt

adeɛ a wɔde toto nam

atklāts pavards

egya a biribiara mmɔ ho ban

virtuve - gyaade

dēlis

adeɛ a wɔtwitwa so nnoɔma

mīklas rullis

adea wɔde twi nnoɔma

korķu viļķis

adeɛ a wɔde tu toa ano

bundža

konku

konservu nazis

adeɛ wɔde bie konku so

virtuves cimdi

nea yɛde sɔ kukuo mu

izlietne

adeɛ a wɔhohoro nkyɛnse wɔ mu

birste

adeɛ a wɔde twitwi

sūklis

sapɔ

mikseris

afidie wɔde yam nnuane

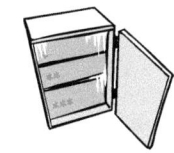

saldētava

asukɔtwea adaka a ano yɛ den

bērna pudelīte

abɔfra toa

ūdenskrāns

nsuo

virtuve - gyaade

vannas istaba
adwareɛ

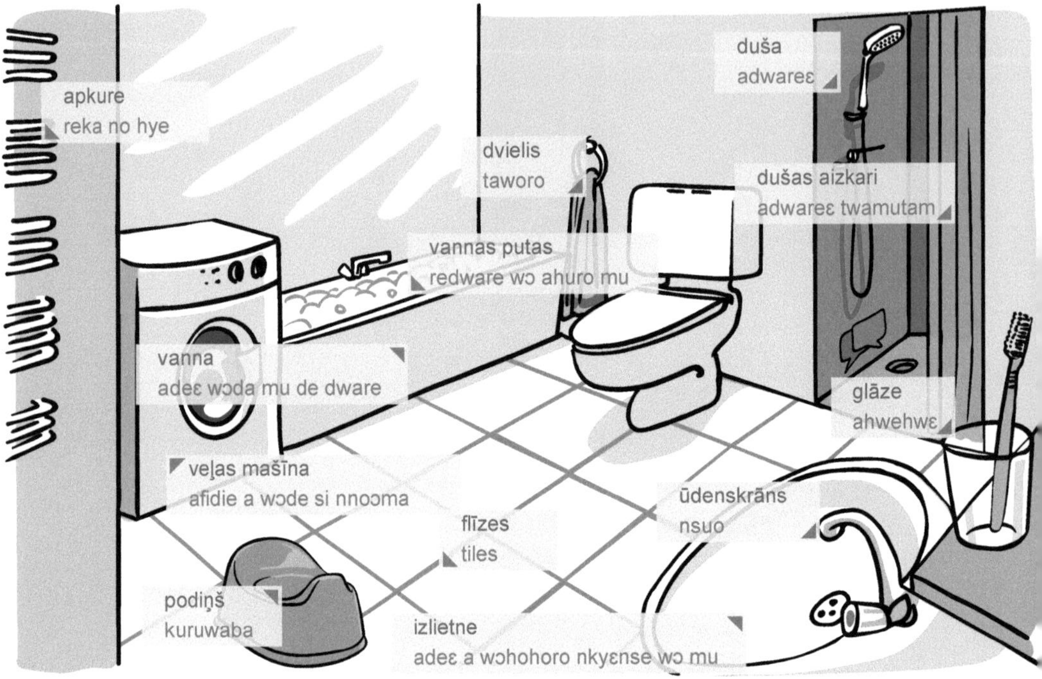

duša / adwareɛ

apkure / reka no hye

dvielis / taworo

dušas aizkari / adwareɛ twamutam

vannas putas / redware wɔ ahuro mu

vanna / adeɛ wɔda mu de dware

glāze / ahwehwɛ

veļas mašīna / afidie a wɔde si nnɔɔma

ūdenskrāns / nsuo

flīzes / tiles

podiņš / kuruwaba

izlietne / adeɛ a wɔhohoro nkyɛnse wɔ mu

tualetes pods

agyananbea

Āzijas tipa tualete

agyananbea a wɔkotoso

bidē

bidet

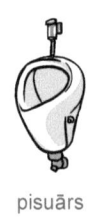

pisuārs

dwonsɔbea

tualetes papīs

tiafi krataa

tualetes birste

adeɛ a wɔde twitwi agyanbea

zobu birste
adeɛ wɔde twitwiri ɛse

zobu pasta
aduro wɔde twitwiri ɛse

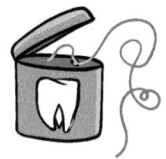

zobu diegs
adeɛ wɔde yiyi ɛse ntam

mazgāt
si

rokas duša
adeɛ wɔsɔ mu de dware

duša
adeɛ nsuo fa mu na wɔde hohoro mmaa ase

bļoda
adeɛ wɔsi nnooma wɔ mu

muguras mazgāšanas birste
adeɛ wɔde twitwi yakyi

ziepes
samina

dušas želeja
adwareɛ samina

šampūns
deɛ wɔde hohoro tirinwii mu

mazgāšanas drāna
ntoma wɔde asaawa na ayɛ

noteka
nsuokwan

krēms
nkuu

dezodorants
aduro a wɔde fa mmɔtoamu

vannas istaba - adwareɛ 39

spogulis
ahwehwɛ

spogulītis
ahwehwɛ kumaa

skuveklis
yiwan

skūšanās putas
aduro a wɔde yi

losjons pēc skūšanās
aduro a wɔde sera beaɛ wayi

ķemme
afe

matu suka
brɔsh

matu fēns
afidie a wɔde ka nwii ma no wo

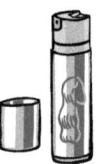

matu laka
adeɛ wɔde aduro gu mu de gu nwii so

grima komplekts
adeɛ wɔde yɛn wɔn anim

lūpu krāsa
adeɛ wɔde keka ano

nagulaka
aduro a wɔde ka mmɔwerɛ so

vate
asaawa

šķērītes
apasoɔ a wɔde twitwa mmɔwerɛ

smaržas
aduham

vannas istaba - adwareɛ

kosmētikas maks

baage a wɔde nnooma gu mu wɔ adwareɛ

ķeblītis

akonwa

svari

afidie a wɔde susu adeɛ bi mu duro

halāts

ataadeɛ wɔhyɛ berɛ a wɔrekɔdware

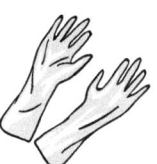

tīrīšanas cimdi

adeɛ wɔde hyɛ wɔn nsa a wɔde rɔba na ayɛ

tampons

adeɛ wɔde twe nsuo firi pirakuro mu

pakete

deɛ mmaa de siesie wɔn ho berɛ wɔn abu wɔn nsa

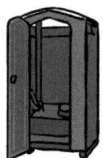

ķīmiskā tualete

agyananbea a wɔde nnuro kora

bērnu istaba
abɔfra dan mu

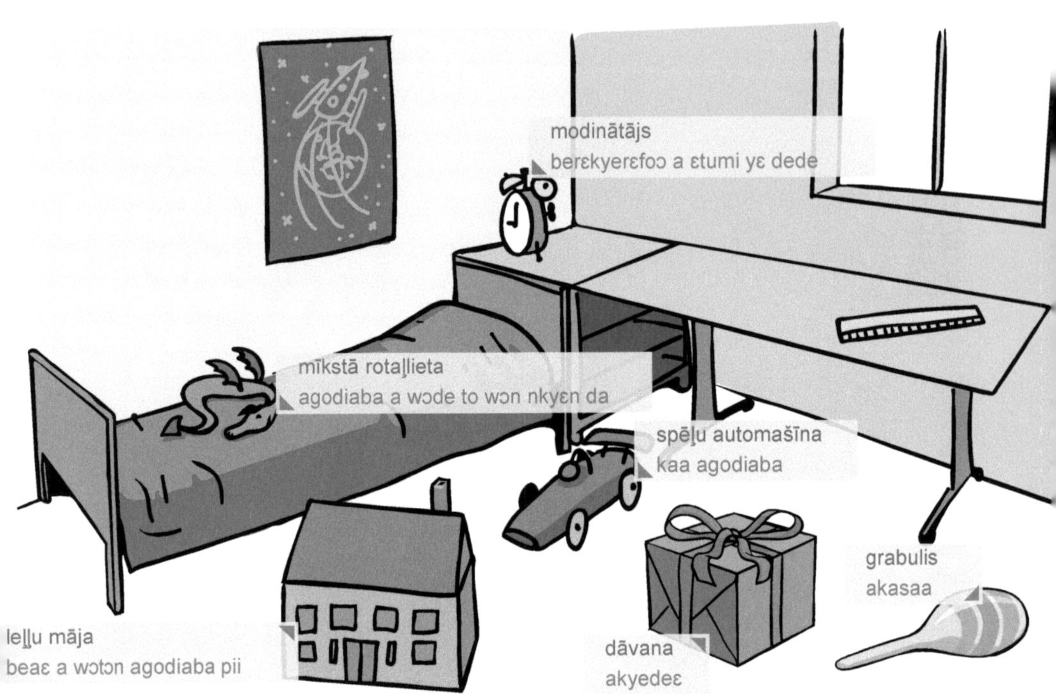

modinātājs
berɛkyerɛfoɔ a ɛtumi yɛ dede

mīkstā rotaļlieta
agodiaba a wɔde to wɔn nkyɛn da

spēļu automašīna
kaa agodiaba

grabulis
akasaa

leļļu māja
beaɛ a wɔton agodiaba pii

dāvana
akyedeɛ

balons
baluu

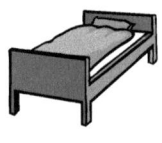

gulta
mpa

bērnu ratiņi
adeɛ a wɔde mmɔfra to mu pia wɔn

kārtis
nkrataa a ɛhyɛ adaka mu

puzle
mfonin asiniasini a wɔkeka si ani hyehyɛ

komikss
mmɔfra aseresɛm nwoma

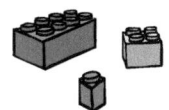

LEGO klucīši

lego bricks

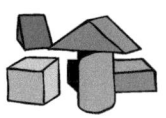

klucīši

blɔks a wɔde si dan

varoņu figūra

mmɔfra agodiaba

rāpulītis

mmɔfra ataade a wɔayɛ abɔ mu

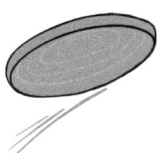

lidojošais šķīvītis

frisbee

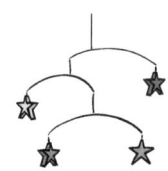

muzikālais karuselis

agodiaba a wɔde sensɛne mmɔfra mpa so

galda spēle

agorɔ a ɛwɔ pono so

metamais kauliņš

ludu aba

rotaļu dzelzceļš

ketekye ketewa

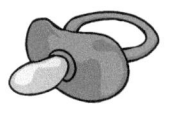

māneklis

adeɛ a wɔde hyɛ mmɔfra anumu

ballīte

apontoɔ

bilžu grāmata

krataa mfonin wɔ mu

bumba

bɔɔlo

lelle

agodiaba

spēlēt

di agorɔ

bērnu istaba - abɔfra dan mu

smilšu kaste

adeɛ wɔde anwea agu mu a mmɔfra di mu agorɔ

šūpoles

adonko

rotaļlietas

agodiaba

spēļu konsole

afidie abɛɛfo agodie wɔ so a wɔbɔ

trīsritenis

dadepɔnkɔ a ne nan yɛ mmiensa

plīša lācītis

sisire agodiaba

drēbju skapis

wɔdrop

apģērbs
ataadeɛ

īszeķes

adeɛ a wɔhyɛ ansa na wahyɛ mpaboa

zeķes

ataade tenten a wɔhyɛ wɔ wɔn nan ho

zeķbikses

ataadeɛ a ɛkyekyere deɛ wahyɛ no

bodijs
nipadua

bikses
trɔsa

džinsi
gyins

svārki
skɛɛte

blūze
mmaa ataade soro

krekls
ataadesoro

pulovers
swata

džemperis
ataadeɛ a ɛkyɛ wɔ mu

žakete
kootu

jaka
ataade ngusoɔ

mētelis
kootu

lietus mētelis
ataadeɛ wɔhyɛ berɛ nsuo retɔ

kostīms
ataadehyɛ

kleita
ataadeɛ

kāzu kleita
ayifrɔ atadeɛ

apġērbs - ataadeɛ

uzvalks

ataade nkatasɔɔ

naktskrekls

ataadeɛ a yɛhyɛ de da

pidžama

pigyamas

sari

sari

lakats

duku

turbāns

duku

burka

ataadeɛ Nkramofoɔ mmaa hyɛ na ɛkata wɔn tiri so de kɔsi wɔn nan ase

kaftāns

kaftan

abaja

abaya

peldkostīms

ataadeɛ a wɔhyɛ de dware nsuo mu

peldbikses

nika

šorti

nika

treniņtērps

traksuit

priekšauts

ntoma a wɔde kata wɔn kɔnmu berɛ wɔreyɛ aduane

cimdi

adeɛ wɔde hyɛ wɔn nsa

apģērbs - ataadeɛ

poga
batin

brilles
ahwehwɛniwa

rokassprādze
adeɛ wɔde to wɔn nsa

kaklarota
kɔnmuade

gredzens
kawa

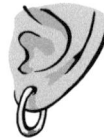
auskars
asomadeɛ

cepure
ɛkyɛ

drēbju pakaramais
adeɛ a wɔde kootu hyɛ so

platmale
ɛkyɛ

kaklasaite
abɔɔmenemu

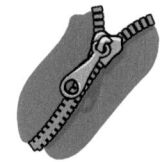
rāvējslēdzējs
zip

ķivere
ɛkyɛ a wɔhyɛ de twi motosakre

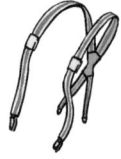
bikšturi
bresis

skolas forma
sukuu ataadeɛ

uniforma
ataadeɛ

apġērbs - ataadeɛ

priekšautiņš
adeɛ a wɔde gu abɔfra kɔn mu berɛ a wɔredidi

māneklis
adeɛ a wɔde hyɛ mmɔfra anumu

autiņbiksītes
moase tam

birojs
ɔfise

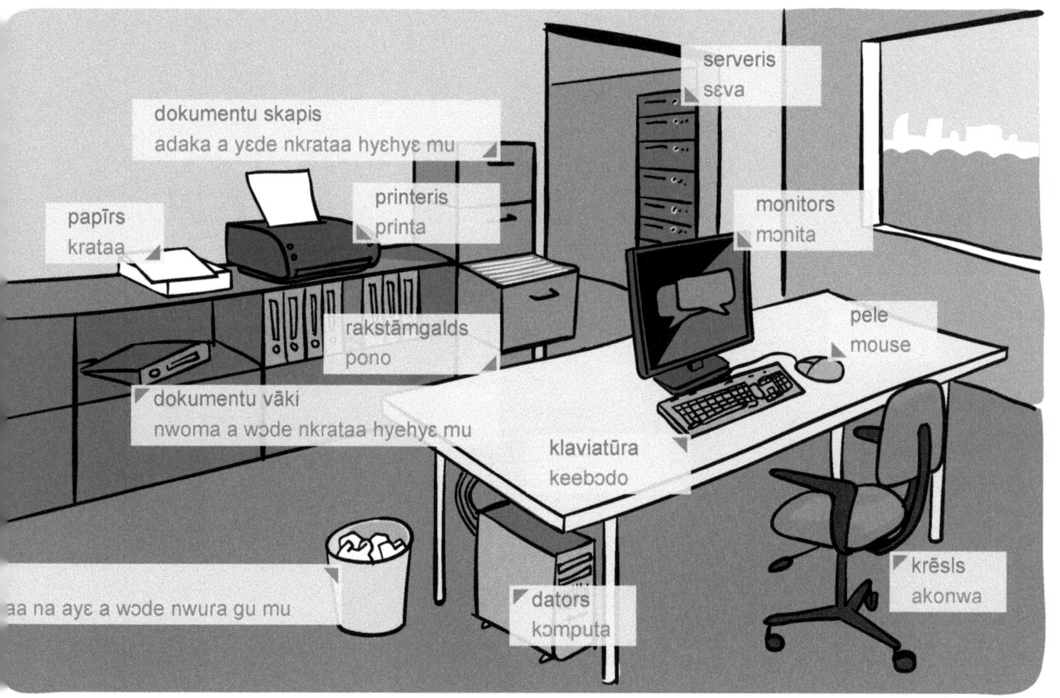

- serveris — sɛva
- dokumentu skapis — adaka a yɛde nkrataa hyɛhyɛ mu
- printeris — printa
- monitors — mɔnita
- papīrs — krataa
- rakstāmgalds — pono
- pele — mouse
- dokumentu vāki — nwoma a wɔde nkrataa hyɛhyɛ mu
- klaviatūra — keebɔdo
- aa na ayɛ a wɔde nwura gu mu
- dators — kɔmputa
- krēsls — akonwa

kafijas krūze
kɔfe kuruwa

kalkulators
afidie a wɔde bu nkonta

internets
intanɛt

portatīvais dators
laptop

vēstule
krataa

ziņa
nkratoɔ

mobilais tālrunis
mobile

tīkls
nɛtwɛk

kopētājs
fotokɔpia

programmatūra
sɔftwɛɛ

telefons
tetefon

rozete
plɔg sɔkɛti

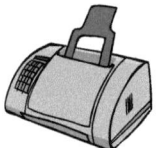
faksa aparāts
fax afidie

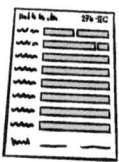
formulārs
krataa

dokuments
krataa

birojs - ɔfise

ekonomika
sikasem

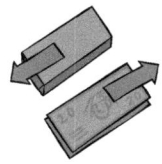  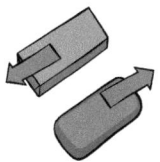

pirkt	samaksāt	tirgot
tɔ	tua	tɔn

nauda	dolārs	eiro
sika	dollar	euro

jēna	rublis	franks
yen	rouble	Swiss franc

juaņa renminbi	rūpija	bankomāts
renminbi yuan	rupee	sikabea

valūtas maiņas punkts

baabi aa yɛsesa

zelts

sikakɔkɔɔ

sudrabs

dwetɛ

nafta

ngo

enerģija

ahoɔden

cena

ne boɔ

līgums

nteaseɛ a ɛwɔ krataa so

nodoklis

ɛtoɔ

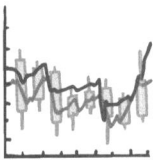

akcija

stock

strādāt

yɛ adwuma

darbinieks

odwumayɛni

darba devējs

obi a wafa obi adwumamu

fabrika

afidihyehyɛbea

veikals

beaɛ a wɔtɔn adeɛ

ekonomika - sikasem

profesijas
nnwuma ahodoɔ

policists
polisini

ugunsdzēsējs
gyadumni

pavārs
obi a wɔnoa aduane

ārsts
dɔkota

pilots
obi a wɔtwi ewiemhyɛn

dārznieks
kuani

galdnieks
nnuaseni

šuvēja
ɔbaa a wɔpam adeɛ

tiesnesis
otɛnmuani

ķīmiķis
dufrani

aktieris
siniyifoɔ

autobusa vadītājs	taksometra vadītājs	zvejnieks
hyɛnkani	taxi drɔba	ɔfarifo

apkopēja	jumiķis	viesmīlis
ɔbaa wɔpopa beaɛ	obi a wɔbɔ dan so	barima a wɔsom wɔ beaɛ a wɔtɔn aduane

mednieks	gleznotājs	maiznieks
ɔbɔmɔfo	obi wɔde akaado keka ɛden ne nnoɔma aka ho	brodotofo

elektriķis	celtnieks	inženieris
obi a wɔyɛ nkaneɛ ho adwuma	dansifo	obi a wɔyɛ mfidie akɛseɛ ho adwuma

miesnieks	skārdnieks	pastnieks
namtɔnfo	obi a wɔhyehyɛ drobɛn a nsuo fa mu	obi a wɔde nkrataa a amanfoɔ atwerɛ soma no

karavīrs
ɔsrani

arhitekts
obi a wɔyɛ adansie ho adwuma

kasieris
obi a wɔhwɛ sika so

florists
obi a wotɔn nhwiren

frizieris
obi a wɔyɛ tire

konduktors
deɛ wɔgyegye sika wɔ ɛhyɛn mu

mehāniķis
obi a wɔsiesie ɛhyɛn

kapteinis
panin

zobārsts
dɔkota a wɔhwɛ se

zinātnieks
abodeɛmu nyasapɛni

rabīns
ɔkyerɛkyerɛni

imāms
imam

mūks
monk

mācītājs
sofo

instrumenti
akadeɛ

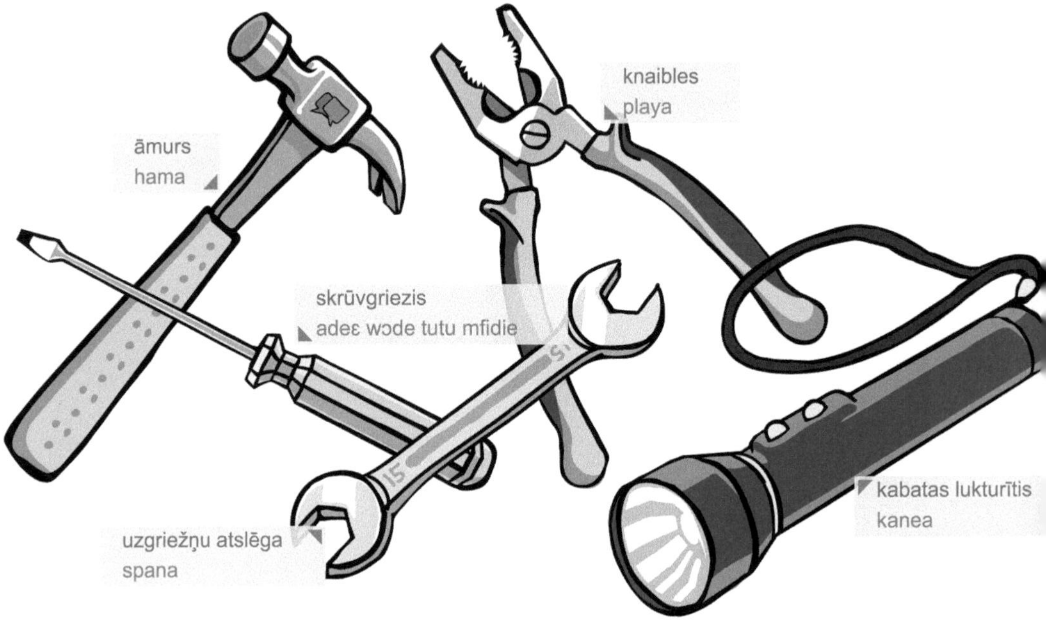

āmurs
hama

knaibles
playa

skrūvgriezis
adeɛ wɔde tutu mfidie

uzgriežņu atslēga
spana

kabatas lukturītis
kanea

ekskavators
afidie a wɔde tu fam

instrumentu kaste
adaka a wɔde nnoɔma a
wɔde yɛ adwuma gu mu

kāpnes
atwedeɛ

zāģis
sradaa

naglas
nnadowa

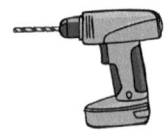

urbis
afidie a wɔde mmia nnoɔma
mu

remontēt
siesie

lāpsta
sofi

Velns!
Yieee!

liekšķere
asesa nwura

krāsas bundža
akaado kora

skrūves
dadeɛ wɔde bobɔ nnoɔma mu

mūzikas instrumenti
mfidie a wɔde bɔ nnwom

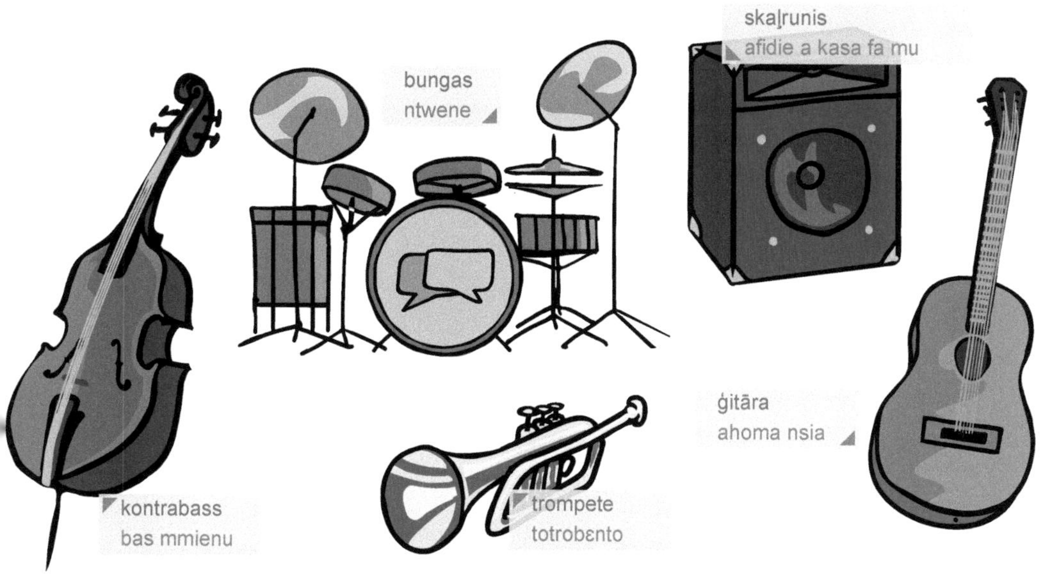

skaļrunis
afidie a kasa fa mu

bungas
ntwene

ģitāra
ahoma nsia

kontrabass
bas mmienu

trompete
totrobɛnto

klavieres	vijole	bass
sankuo	sankuo	ahoma nsia

timpāni	bungas	digitālās klavieres
timpani	ntwene	sankuo

saksofons	flauta	mikrofons
sasofon	trobɛnto	akasanoma

mūzikas instrumenti - mfidie a wɔde bɔ nnwom

zooloģiskais dārzs
mmoakurabea

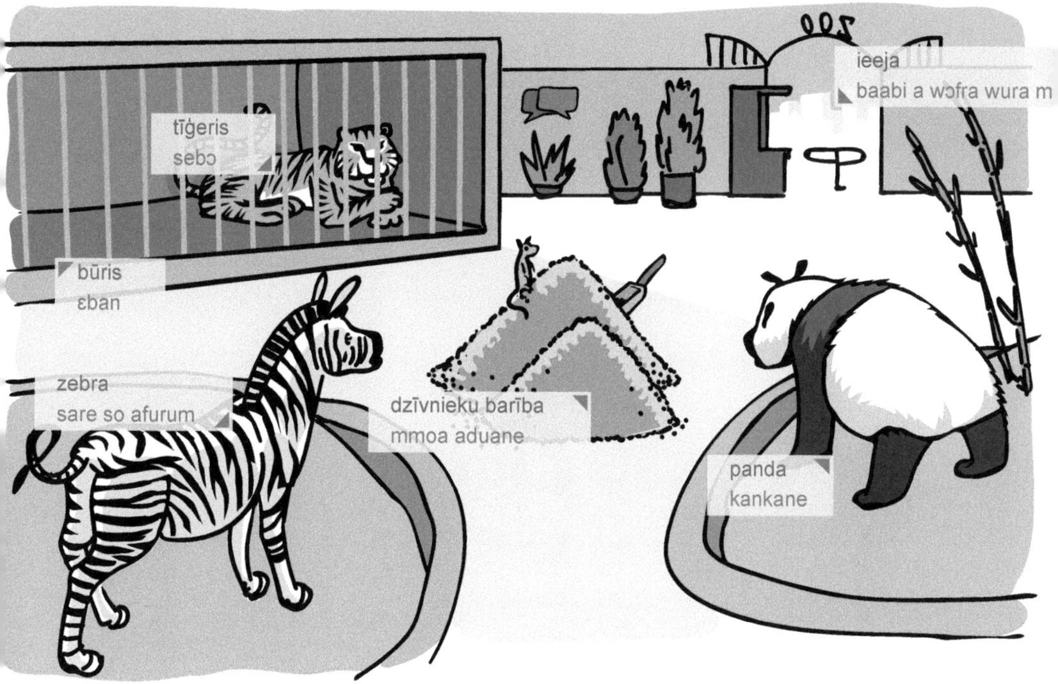

ieeja
baabi a wɔfra wura m

tīģeris
sebɔ

būris
ɛban

zebra
sare so afurum

dzīvnieku barība
mmoa aduane

panda
kankane

dzīvnieki
mmoa

zilonis
ɔsonɔ

ķengurs
kangaroo

degunradzis
bɛnkorɔ

gorilla
akaatia

lācis
sisire

kamielis yoma	strauss sohori	lauva gyata

pērtiķis kontromfi	flamings asukɔnkɔn	papagailis ako

polārlācis sisire	pingvīns penguin	haizivs oboodede

pāvs kohaa	čūska ɔwɔ	krokodils dɛnkyɛm

zoodārza sargs mmoasohwɛfo	ronis sukraman	jaguārs sebɔ

zooloģiskais dārzs - mmoakurabea

ponijs	leopards	nīlzirgs
pɔnkɔ ketewa	etwie	susono

žirafe	ērglis	meža cūka
kɔntenten	ɔkɔdeɛ	kɔkɔte

zivs	bruņurupucis	valzirgs
nsuomunam	sudanda	sukraman

lapsa	gazele	
sakraman	adowa	

zooloģiskais dārzs - mmoakurabea

sports
agokansie

darbības
dwumadie ahodoɔ

rakstīt	zīmēt	rādīt
twerɛ	dwidwi	kyerɛ

spiest	dot	ņemt
pia	ma	fa

būt
gye

darīt
yɛ

būt
yɛ

stāvēt
gyina

skriet
tu mirika

vilkt
twe

mest
to

krist
tɔ fam

gulēt
twa ntorɔ

gaidīt
twɛn

nest
soa

sēdēt
tena ase

uzģērbt
hyɛ atadeɛ

gulēt
da

pamosties
sɔre

darbības - dwumadie ahodoɔ

skatīties

hwɛ

raudāt

su

glāstīt

fa wo nsa fefa ho

ķemmēt

nunu wotirim

runāt

kasa

saprast

te aseɛ

jautāt

bisa

dzirdēt

tie

dzert

nom

ēst

didi

sakārtot

siesie

mīlēt

dɔ

vārīt

noa

braukt

ka kaa

lidot

tu

darbības - dwumadie ahodoɔ

burot
ka

rēķināt
bo ho nkonta

lasīt
kan

mācīties
sua

strādāt
yɛ adwuma

precēties
ware

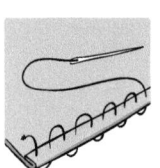
šūt
pam

tīrīt zobus
twitwi wo se

nogalināt
kum

smēķēt
hye

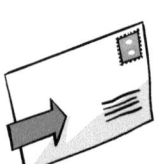
sūtīt
soma

ģimene
abusua

- vecāmāte / nanabaa
- vectēvs / nana barima
- tēvs / papa
- māte / maame
- mazulis / abɔfra
- meita / babaa
- dēls / babarima

viesis
ɔhɔhoɔ

tante
sewaa

onkulis
wɔfa

brālis
nua barima

māsa
nuabaa

ķermenis
nipadua

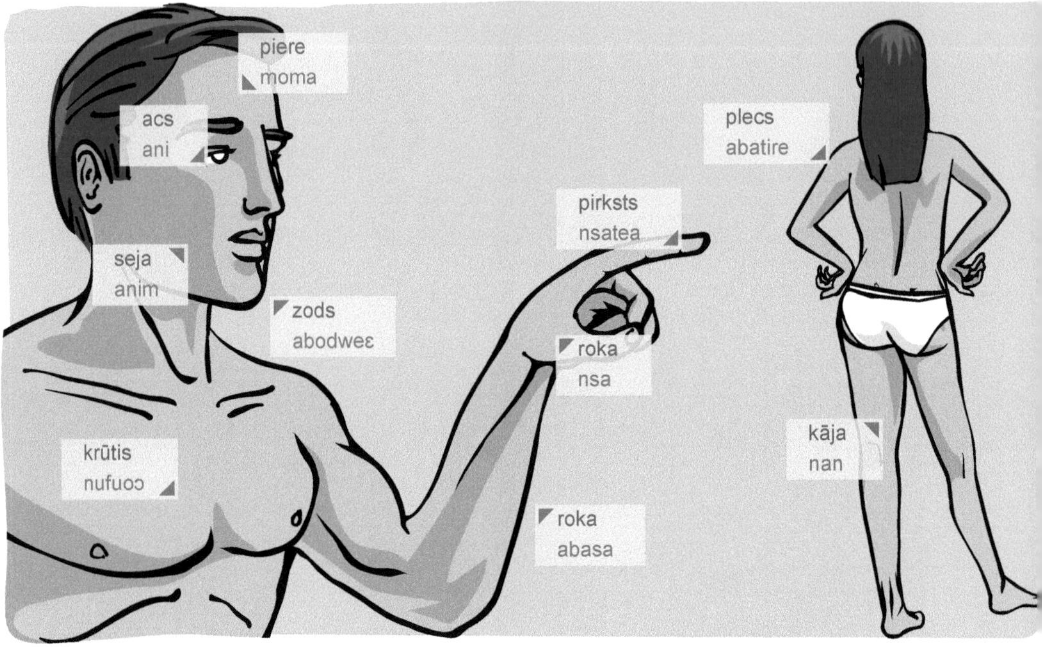

piere
moma

acs
ani

plecs
abatire

pirksts
nsatea

seja
anim

zods
abodwcɛ

roka
nsa

krūtis
nufuɔɔ

kāja
nan

roka
abasa

mazulis

abɔfra

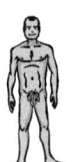

vīrietis

barima

sieviete

ɔbaa

meitene

abaayewa

zēns

abarimaa

galva

ɛtire

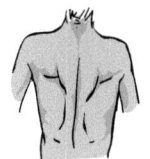

mugura
akyi

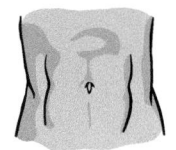

vēders
yafunu

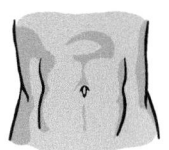

naba
furuma

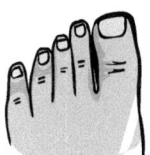

kājas pirksts
nansoa

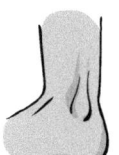

papēdis
nantini

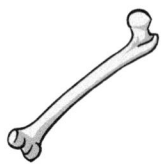

kauls
dompe

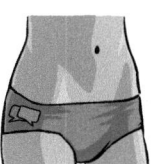

gurns
sisi

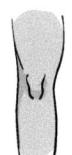

celis
kotodwe

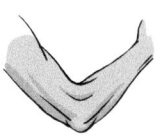

elkonis
abatwerɛ

deguns
hwene

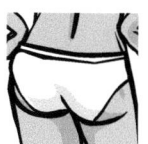

dibens
ɛtoɔ

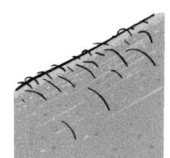

āda
wedeɛ

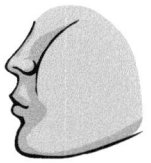

vaigs
afono

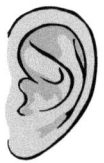

auss
aso

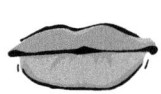

lūpa
ano

ķermenis - nipadua

mute
ano

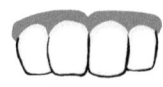

zobs
ɛse

mēle
tɛkyerɛma

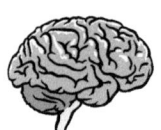

smadzenes
adwene

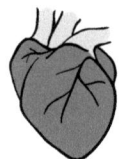

sirds
akoma

muskulis
honam

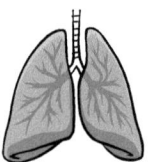

plaušas
ahrawa

aknas
brɛbɔɔ

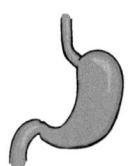

kuņģis
afuro

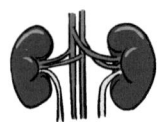

nieres
sawa

dzimumakts
barima ne ɔbaa nna mu nhyiamu

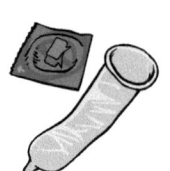

kondoms
kɔndɔm

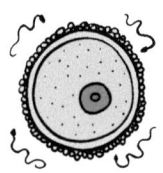

olšūna
nkosua a ɛwɔ ɔbaa mu

sperma
barima ho nsuo

grūtniecība
nyinsɛn

ķermenis - nipadua

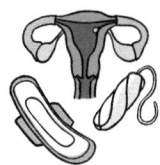
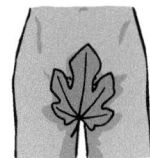
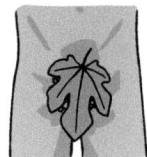

menstruācijas
brayɔ

vagīna
ɛtwɛ

penis
kɔteɛ

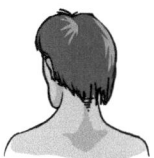

uzacs
aniakyi nwii

mati
nwii

kakls
kɔn

ķermenis - nipadua

slimnīca
asopiti

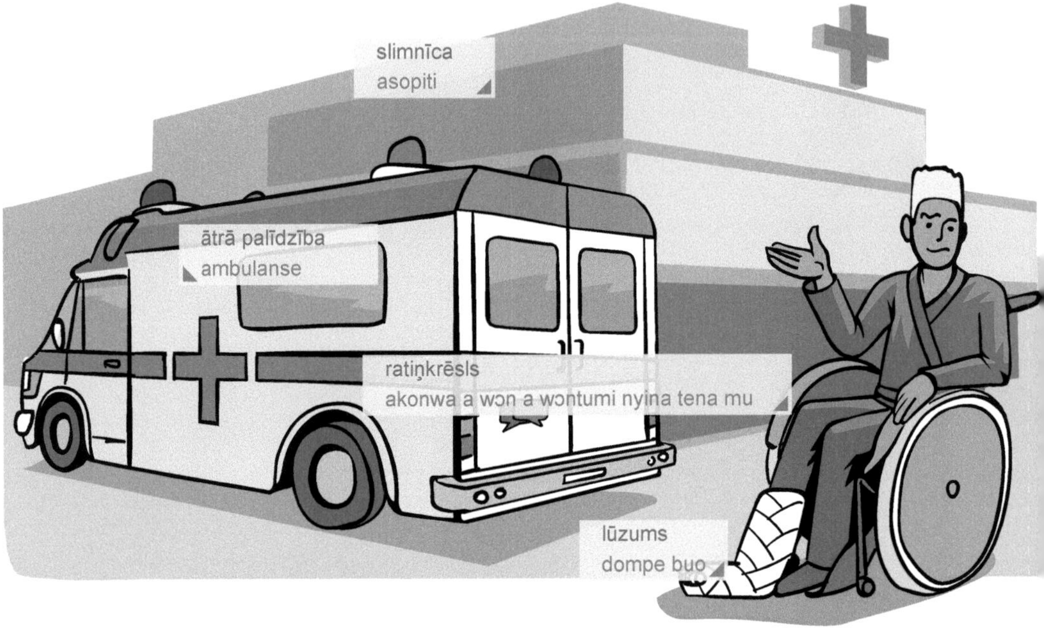

slimnīca
asopiti

ātrā palīdzība
ambulanse

ratiņkrēsls
akonwa a wɔn a wɔntumi nyina tena mu

lūzums
dompe buo

ārsts
dɔkota

neatliekamās palīdzības nodaļa
ɛdan a wɔde wɔn a wɔn apira kɔ mu kɔhwɛ wɔn

medmāsa
nɛɛse

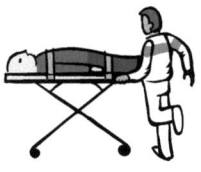

ārkārtas gadījums
putupru

paġībis
fenti

sāpes
yaw

ievainojums
pira

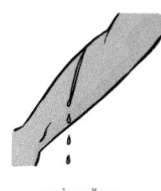
asiņošana
mogyatuo

sirdslēkme
akoma yareɛ

insults
nwodwoɔ yareɛ

alerģija
adeɛ wo honam mpɛ

klepus
ɛwa

temperatūra
ahoɔhyeɛ

gripa
papu

caureja
ayɛmhwie

galvassāpes
tiripayɛ

vēzis
kokoram

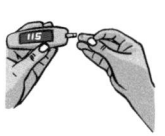
diabēts
asikyire yareɛ

ķirurgs
dɔkotani wɔpaepae obi sa no yareɛ

skalpelis
sekamma

operācija
repaepae obi ho asa no yareɛ

slimnīca - asopiti

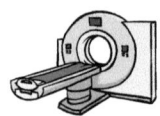

datortomogrāfija

CT

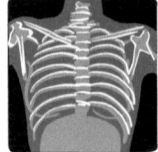

rentgents

x-ray

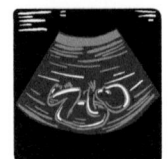

ultraskaņa

mfonin a wɔtwa de hwɛ awodeɛ mu

sejas maska

anim nkatadeɛ

slimība

yareɛ

uzgaidāmā telpa

dan aa yɛtwɛn wɔ mu

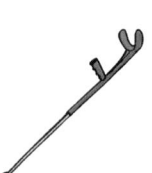

kruķis

klɔkye

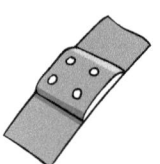

plāksteris

plasta

apsējs

bandege

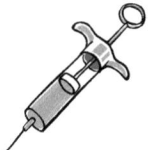

injekcija

paneɛ

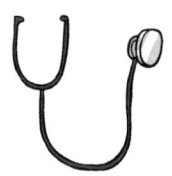

stetoskops

afidie a wɔde tie dede wɔ nnipa ho

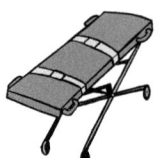

nestuves

mpa

termometrs

afidie wɔde hwɛ ahoɔhyeɛ

dzemdības

awoɔ

liekais svars

kɛseyɛ mmorosoɔ

slimnīca - asopiti

dzirdes aparāts

afidie a ɛboa ma obi te asɛm yie

dezinfekcijas līdzeklis

aduro a wɔde ko tia yaremmoa bateria

infekcija

yareɛ nsaeɛ

vīruss

yaremmoawa

HIV / AIDS

HIV / AIDS

zāles

aduro

pote

nsianoaduru panεɛwɔ

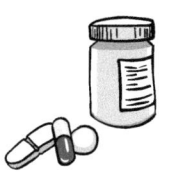

tabletes

nnuro a wɔmene

pretapaugļošanās tablete

aduro a wɔmene

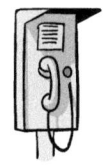

ārkārtas izsaukums

putupru frɛ

asinsspiediena mērītājs

afidie a wɔde hwɛ sɛdeɛ mogya di aforosane

slims / vesels

yareɛ / ahuɔden

slimnīca - asopiti

ārkārtas gadījums
putupru

Palīgā!
Boa me!

trauksme
alam

uzbrukums
repira obi

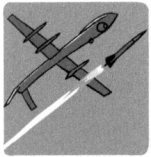

uzbrukums
to hyɛ biribi so

bīstamība
amaneɛ

avārijas izeja
kwan a wɔfa so pue berɛ asɛm asi putupuru

Uguns!
Egya!

ugunsdzēšamais aparāts
adeɛ a wɔde dum gya

negadījums
akwanhyia

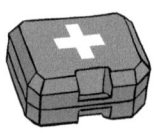

pirmās palīdzības aptieciņa
mmoa a edikan akadeɛ

SOS
SOS

policija
polisi

zeme
Ewiase

Eiropa
Europe

Ziemeļamerika
North America

Dienvidamerika
South America

Āfrika
Africa

Āzija
Asia

Austrālija
Australia

Atlantijas okeāns
Atlantic

Klusais okeāns
Pacific

Indijas okeāns
Indian Ocean

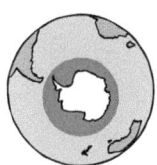
Dienvidu okeāns
Antartic Ocean

Ziemeļu ledus okeāns
Arctic Ocean

Ziemeļpols
North Pole

zeme - Ewiase

Dienvidpols — South Pole

Antarktika — Atartica

zeme — Ewiase

zeme — asaase

jūra — ɛpo

sala — ɛpoano

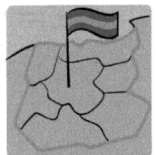 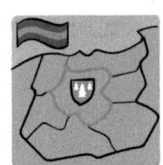

nācija — ɔman

valsts — ɔman

pulkstenis
mmerɛ kyerɛfoɔ

ciparnīca
mmerɛ kyerɛfoɔ no anim

stundu rādītājs
dɔnhwere nsa

minūšu rādītājs
sima nsa

sekunžu rādītājs
anitɛtɛ nsa

Cik ir pulkstenis?
Abɔ sɛn?

diena
da

laiks
mmerɛ

tagad
seisei ara

digitālais pulkstenis
abɛɛfo mmerɛ kyerɛfoɔ

minūte
sima

stunda
dɔnhwere

nedēļa
nnawɔtwe

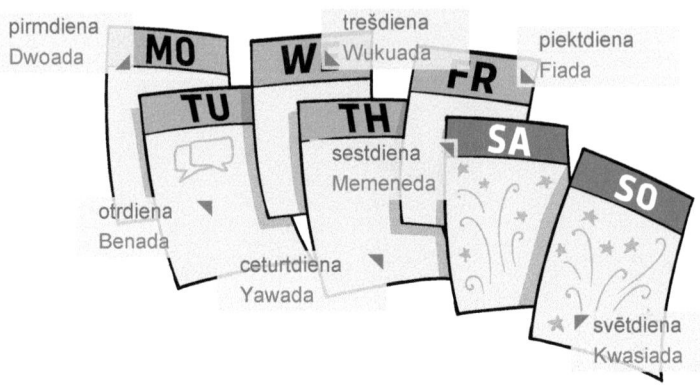

pirmdiena — Dwoada
otrdiena — Benada
trešdiena — Wukuada
ceturtdiena — Yawada
piektdiena — Fiada
sestdiena — Memeneda
svētdiena — Kwasiada

vakardien
ɛnora

šodien
nnɛ

rītdien
ɔkyena

rīts
anɔpa

pusdienlaiks
awia

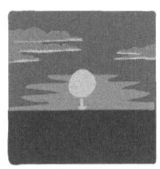

vakars
anwummerɛ

darbadienas
adwuma nna

brīvdienas
nnawɔtwe awieɛ

gads

afe

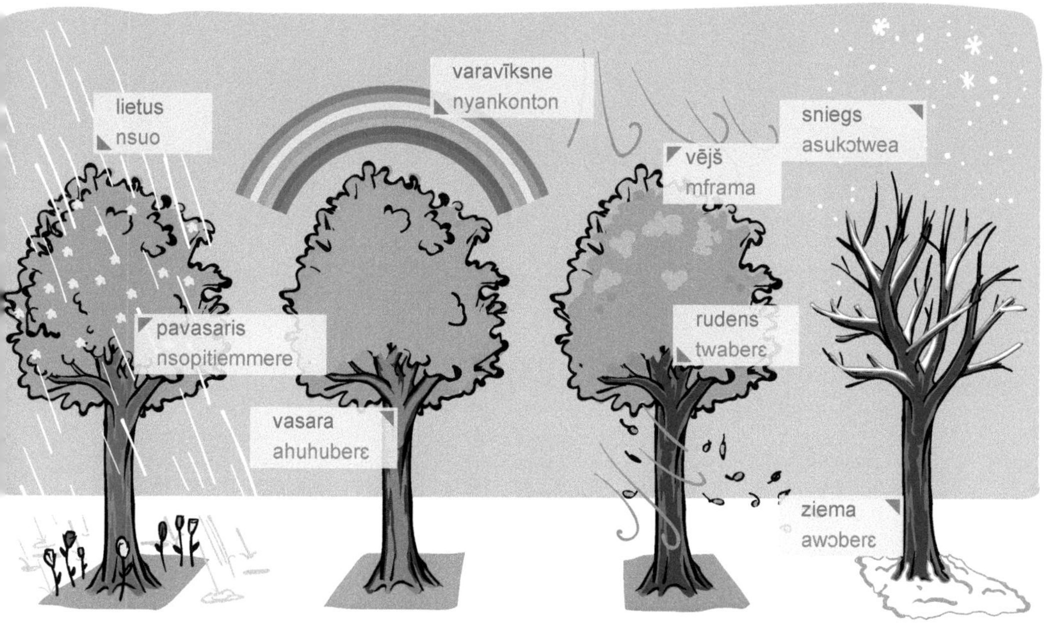

lietus
nsuo
varavīksne
nyankontɔn
sniegs
asukɔtwea
vējš
mframa
pavasaris
nsopitiemmere
rudens
twaberɛ
vasara
ahuhuberɛ
ziema
awɔberɛ

4.APRIL 11°
5.APRIL 4°
6.APRIL 13°
7.APRIL 8°
8.APRIL 10°

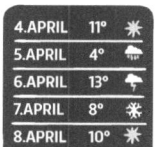

laika prognoze

ewiemu nsesaeɛ

F
C
120
90
60
30
0
-30
40
30
20
10
0
-10
-20

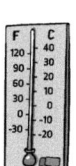

termometrs

afidie a wɔde hwɛ ahoɔhyeɛ

saules gaisma

awiabɔ

mākonis

munumkum

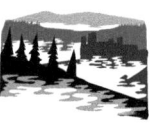

migla

ɛbɔ

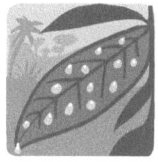

gaisa mitrums

nsuo a ɛwɔ mframa mu

zibens
ayerɛmo

pērkons
agradaa

vētra
nsuden ne mframa

krusa
sukɔtwea

musons
mframa a ɛde nsuo ba

plūdi
nsuyiri

ledus
asukɔtwea

janvāris
Ɔpɛpɔn

februāris
Ɔgyefoɔ

marts
Ɔbɛnem

aprīlis
Oforisuo

maijs
Kotonimaa

jūnijs
Ayɛwohumumɔ

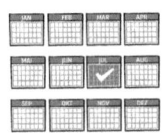
jūlijs
Kitawonsa

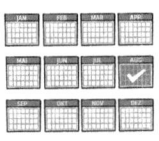
augusts
Ɔsanaa

gads - afe

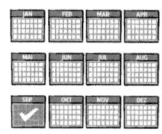
septembris
ɛbɔ

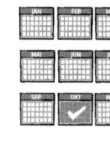
oktobris
Ahinime

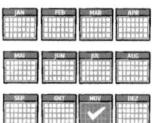
novembris
Obubuo

decembris
Ɔpɛnimaa

formas
bɔbea

aplis
kanko

kvadrāts
ahenanan

četrstūris
fasene

trīsstūris
ahinasa

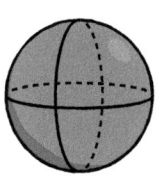
lode
kanko

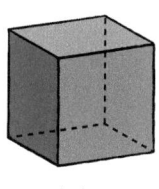
kubs
ahenanan

krāsas
ahosuo

balts
fitaa

dzeltens
akokɔsradeɛ

oranžs
akokɔsradeɛ

sārts
memen

sarkans
kɔkɔɔ

lillā
beredum

zils
bibire

zaļš
ahabanmono

brūns
dodoeɛ

pelēks
nson

melns
tuntum

pretstati
abirabɔ

daudz / maz   saniknots / miermīlīgs   skaists / neglīts

bebree / ketewa   abufuo / brɛo   fɛfɛɛfɛ / tantantan

sākums / beigas   liels / mazs   gaišs / tumšs

ahyɛasee / awieɛ   kɛseɛ / ketewa   ɛhyerɛ / ɛdum

brālis / māsa   tīrs / netīrs   pilnīgs / nepilnīgs

nua barima / nuabaa   ɛho te / ɛfi   wawie / onwieeyɛ

diena / nakts   miris / dzīvs   plats / šaurs

anopa / anadwo   wawu / ɔtease   emu bue / emu mmueɛ

baudāms / nebaudāms

yetumi di / yentumi nni

nikns / laipns

bɔne / papa

satraukts / garlaikots

anigyeɛ / w'ani nka

resns / tievs

kɛseɛ / hwea

pirmais / pēdējais

di kan / ka akyi

draugs / ienaidnieks

adanfo / atanfo

pilns / tukšs

ayɛ ma / hwee nnimu

ciets / mīksts

dendenden / mrɛmrɛmrɛ

smags / viegls

emu ye duru / emu yɛ ha

izsalkums / slāpes

ɛkɔm / nsukɔm

slims / vesels

yareɛ / ahuɔden

nelegāls / legāls

ɛnfa mmrakwanso / mmrakwanso

inteliģents / dumjš

nimdifo / gyimifo

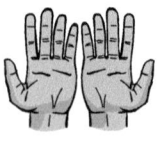

kreisais / labais

benkum / nifa

tuvu / tālu

ɛbɛn / ɛmu ware

pretstati - abirabɔ

jauns / lietots
foforo / dada

nekas / kaut kas
ɛnyɛ hwee / biribi

vecs / jauns
panyin / abɔfra

ieslēgts / izslēgts
sɔ / dum

atvērts / slēgts
bue / yatom

kluss / skaļš
dinn / dede

bagāts / nabags
sikani / ohiani

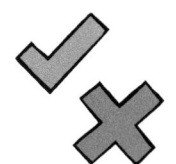

pareizi / nepareizi
papa / bɔne

raupjš / gluds
wewerɛwewerɛ / tromtrom

noskumis / laimīgs
awerehoɔ / anigye

īss / garš
tiatia / tentene

lēns / ātrs
brɛoo / ntɛm

slapjš / sauss
afɔ / awo

silts / vēss
ɛyɛ hye / adwo

karš / miers
ntɔkwa / asomdwoe

pretstati - abirabɔ

skaitļi
nɔma

0 nulle / ohunu	**1** viens / baako	**2** divi / mmienu
3 trīs / mmiensa	**4** četri / nan	**5** pieci / num
6 seši / nsia	**7** septiņi / nson	**8** astoņi / nwɔtwe
9 deviņi / nkron	**10** desmit / du	**11** vienpadsmit / du-baako

12 divpadsmit
du-mmienu

13 trīspadsmit
du-mmiensa

14 četrpadsmit
du-nan

15 piecpadsmit
du-num

16 sešpadsmit
du-nsia

17 septiņpadsmit
du-nson

18 astoņpadsmit
du-nwɔtwe

19 deviņpadsmit
du-nkron

20 divdesmit
aduonu

100 simts
ɔha

1.000 tūkstotis
apem

1.000.000 miljons
ɔpepe

skaitļi - nɔma

Valodas
kasa ahodoɔ

angļu
Brofo kasa

amerikāņu angļu
Amerika Brɔfo

ķīniešu mandarīnu valoda
Chinese Mandarin

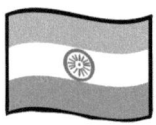
hindi
Hindi

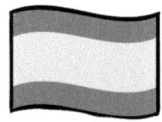
spāņu
Spanish

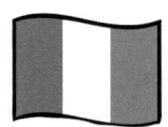
franču
French

arābu
Arabic

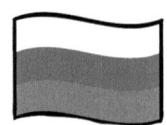
krievu
Russian

portugāļu
Portuguese

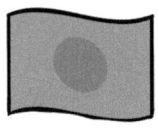
bengāļu
Bengali

vācu
German

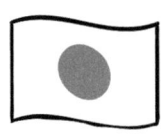
japāņu
Japanese

kas / ko / kā
hwan/aden/ sɛn

es
me

tu
wo

viŋš / viŋa
ɔno

mēs
yɛn

jūs
wo

viŋi / viŋas
wɔn

kas?
hwan?

ko?
aden?

kā?
sɛn?

kur?
ɛhefa?

kad?
dabɛn?

vārds
din

kur
hefa

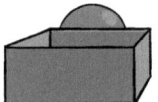

aiz
n'akyi

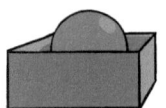

iekšā
ɛmu

priekšā
wɔ n'anim

virs
soro

uz
so

zem
aseɛ

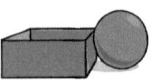

blakus
nkyene

starp
ntam

vieta
fa hyɛ